DIESES BUCH GEHÖRT MIR UND
ICH HABE ES BEKOMMEN VON:

ROARRR! WAS ODER WER IST AUS DEM EI GESCHLÜPFT?

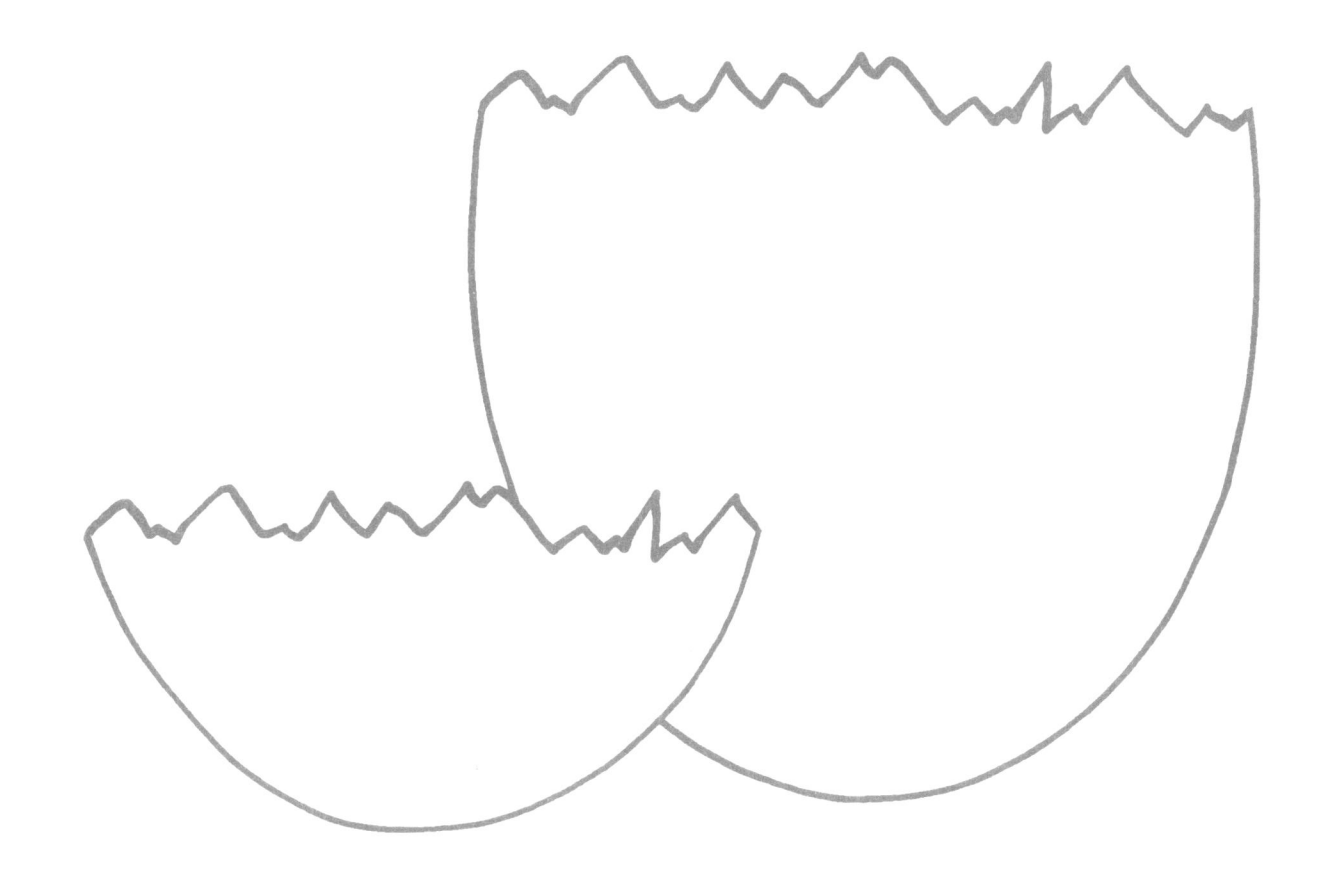

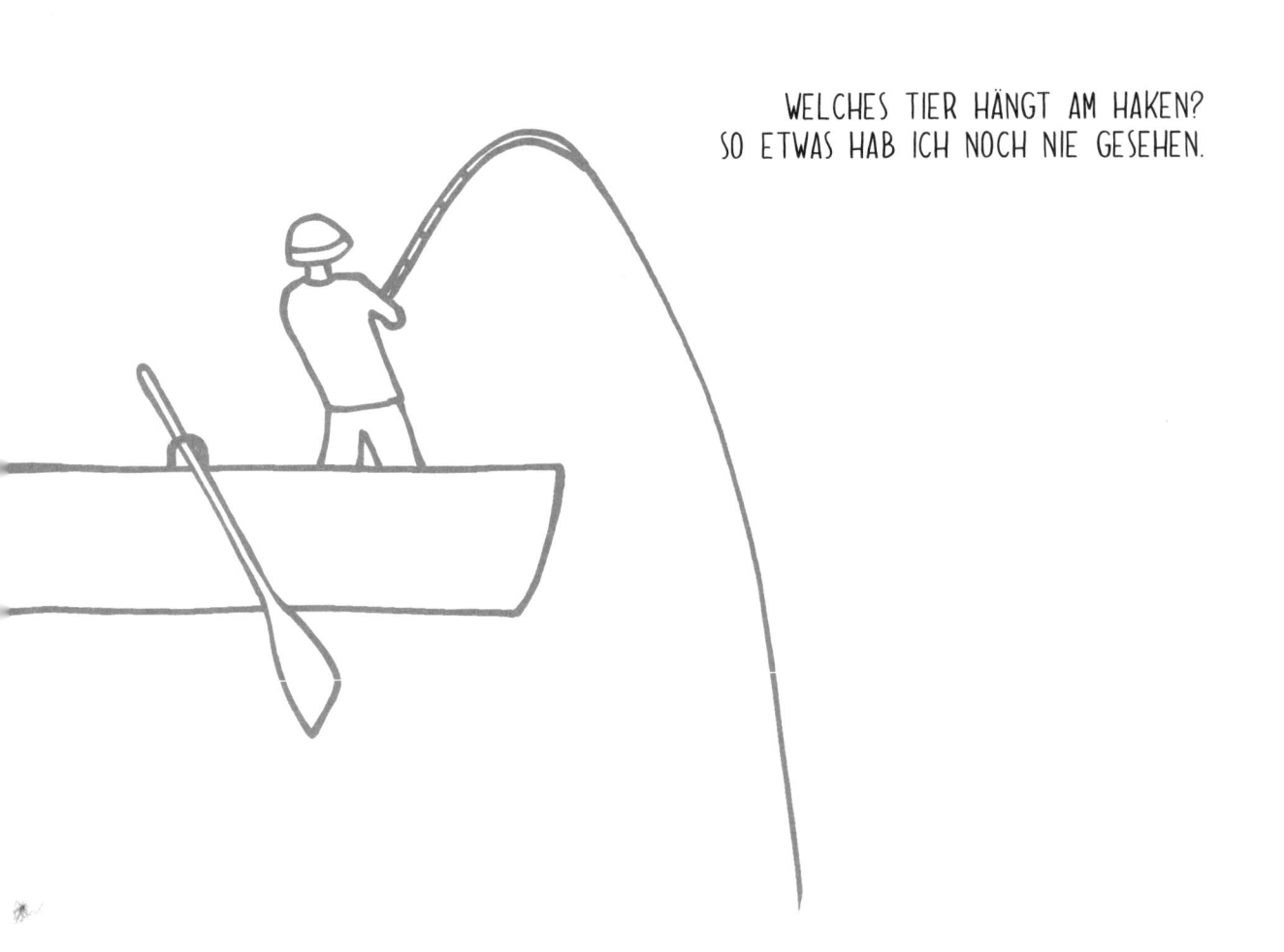

WELCHES TIER HÄNGT AM HAKEN?
SO ETWAS HAB ICH NOCH NIE GESEHEN.

NUR EIN GANZ KLEINER TEIL EINES EISBERGES RAGT ÜBER DIE WASSEROBERFLÄCHE. ZEICHNE DEN TEIL UNTER DER WASSERLINIE.

WELCHES FOTO IST AM SMARTPHONE ZU SEHEN? EIN SELFIE?

WIE SIEHT DIE SCHUTZHÜLLE AUS? ENTWIRF EIN COOLES DESIGN.

OHHHHH WOW! WAS SEHEN DIE FREUNDE?

MORSEZEICHEN

A	·−	N	−·
B	−···	O	−−−
C	−·−·	P	·−−·
D	−··	Q	−−·−
E	·	R	·−·
F	··−·	S	···
G	−−·	T	−
H	····	U	··−
I	··	V	···−
J	·−−−	W	·−−
K	−·−	X	−··−
L	·−··	Y	−·−−
M	−−	Z	−−··

MIT HILFE VON MORSEZEICHEN KÖNNEN NACHRICHTEN ÜBERMITTELT WERDEN. DER CODE KANN ALS TONSIGNAL ODER OPTISCH MIT BLINKENDEM LICHT ÜBERTRAGEN WERDEN.

AUF DIESER SEITE KANNST DU NAMEN UND WÖRTER MIT MORSEZEICHEN SCHREIBEN. LEG LOS.

AUF DIESER SEITE KANNST DU NAMEN UND WÖRTER MIT MORSEZEICHEN SCHREIBEN. LEG LOS.

SEEMANNSKNOTEN - SCHNAPP DIR EINE LEINE UND LEG LOS.

ACHTERKNOTEN

KREUZKNOTEN

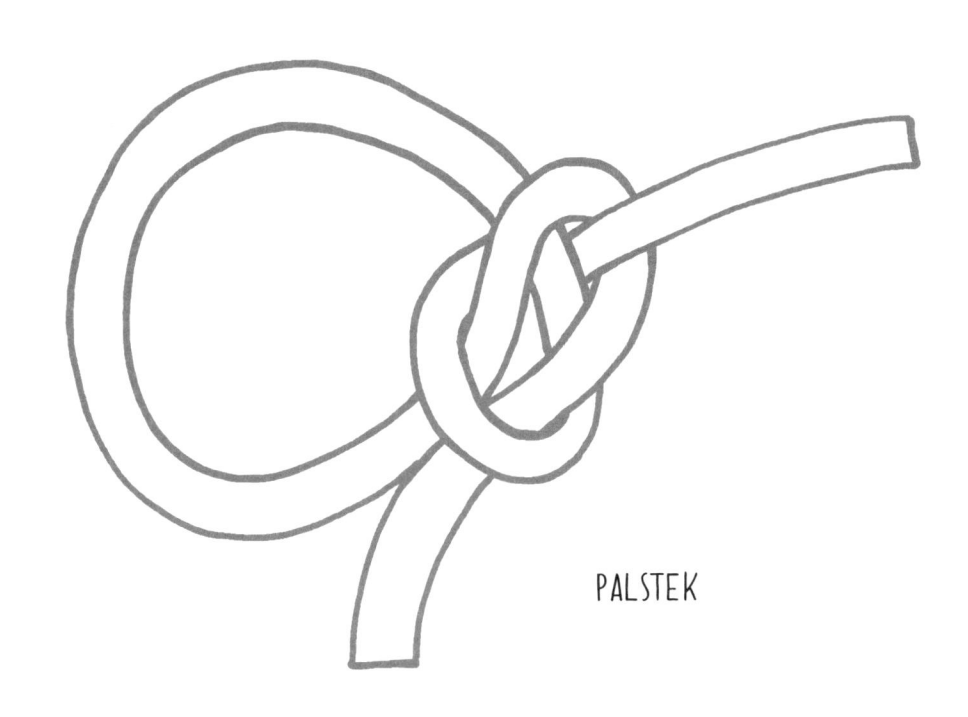

PALSTEK

SCHOTSTEK

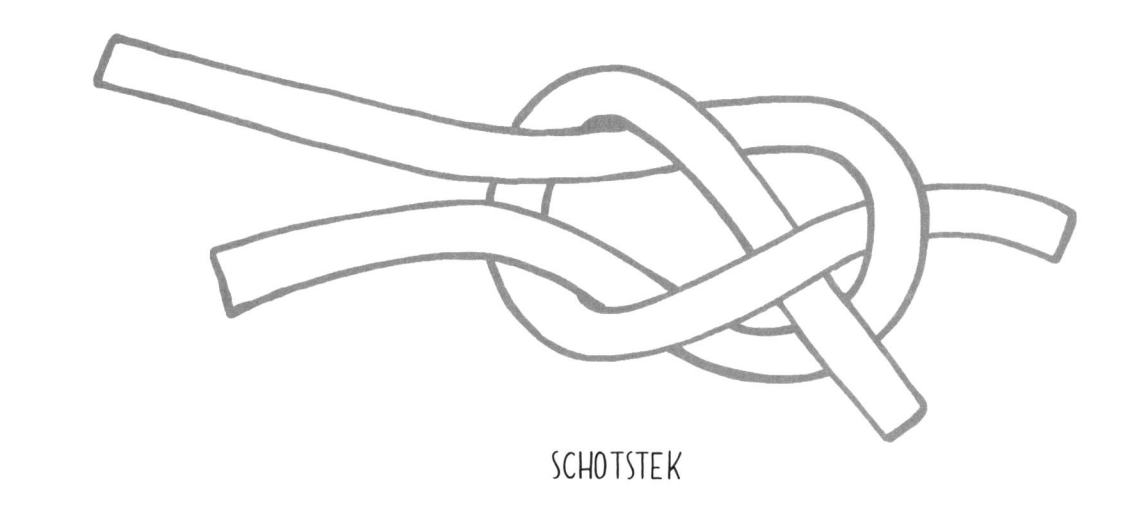

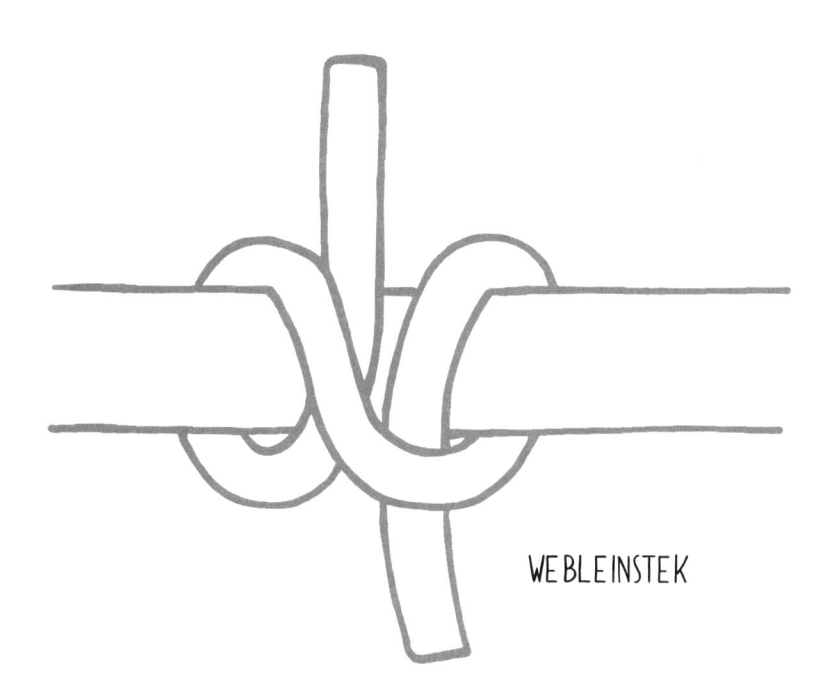

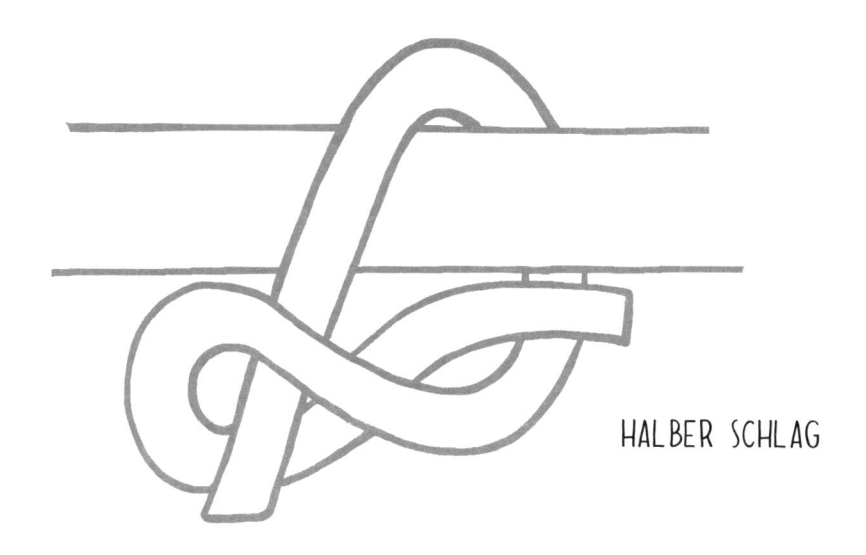

WEBLEINSTEK

HALBER SCHLAG

WAS LIEF VOR 50 JAHREN IM FERNSEHEN?

WAS SIEHST DU DIR HEUTE AN?

SO SEHEN HOCHHÄUSER HEUTE AUS. 'BAUE' DIE STADT FERTIG.

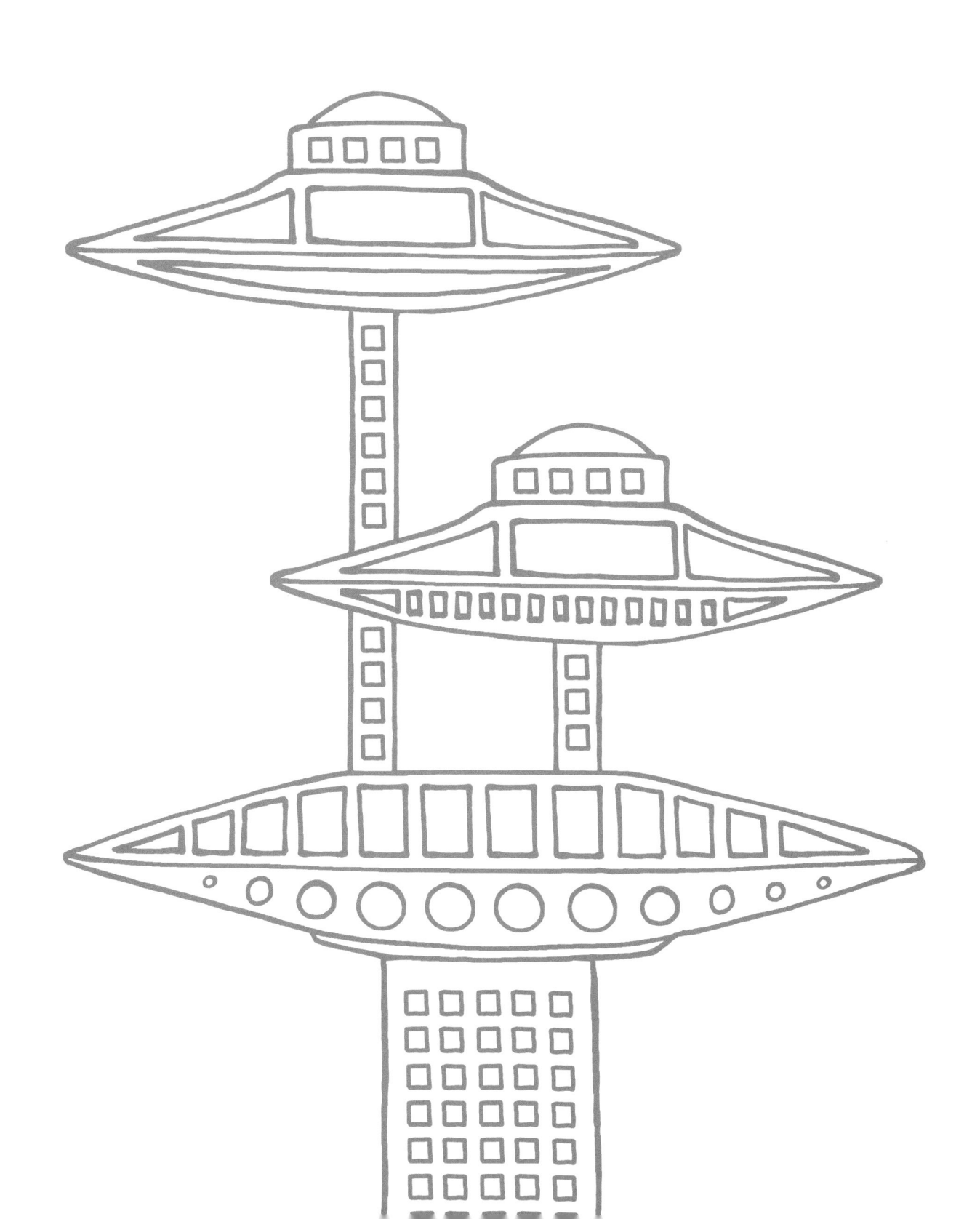

WIE SEHEN HOCHHÄUSER IN 100 JAHREN AUS?
ZEICHNE NOCH VIELE FUTURISTISCHE DETAILS.

DER ASIATISCHE ELEFANT LEBT IN INDIEN
UND DURCHSTREIFT EINEN PALMENHAIN.
KANNST DU DIESEN ZEICHNEN?

ZEICHNE FÜR DAS DROMEDAR EINE WÜSTENLANDSCHAFT. ECHTEN SAND EINKLEBEN WÄRE NATÜRLICH MEGA-SPITZEN-MÄßIG.

VERSUCHE, DEN VIER GESICHTERN UNTERSCHIEDLICHE GESICHTSAUSDRÜCKE ZU ZEICHNEN. TRAURIG, FRÖHLICH, ZORNIG UND ERSTAUNT.

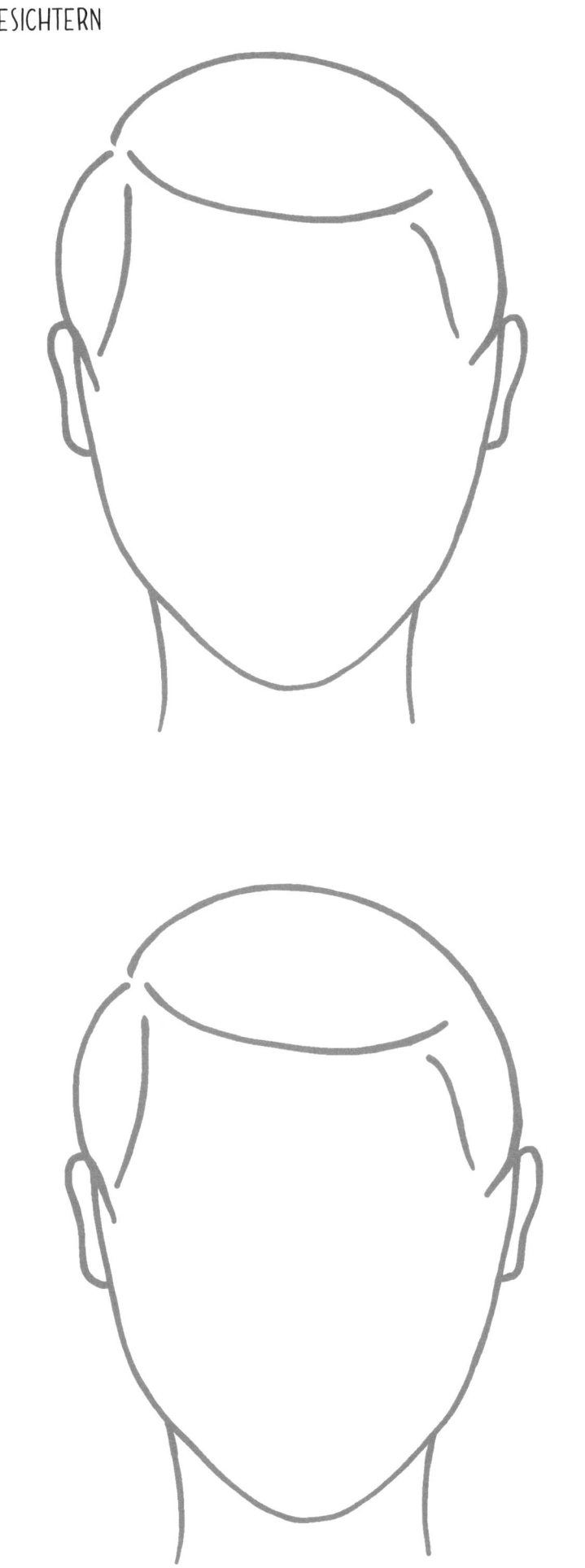

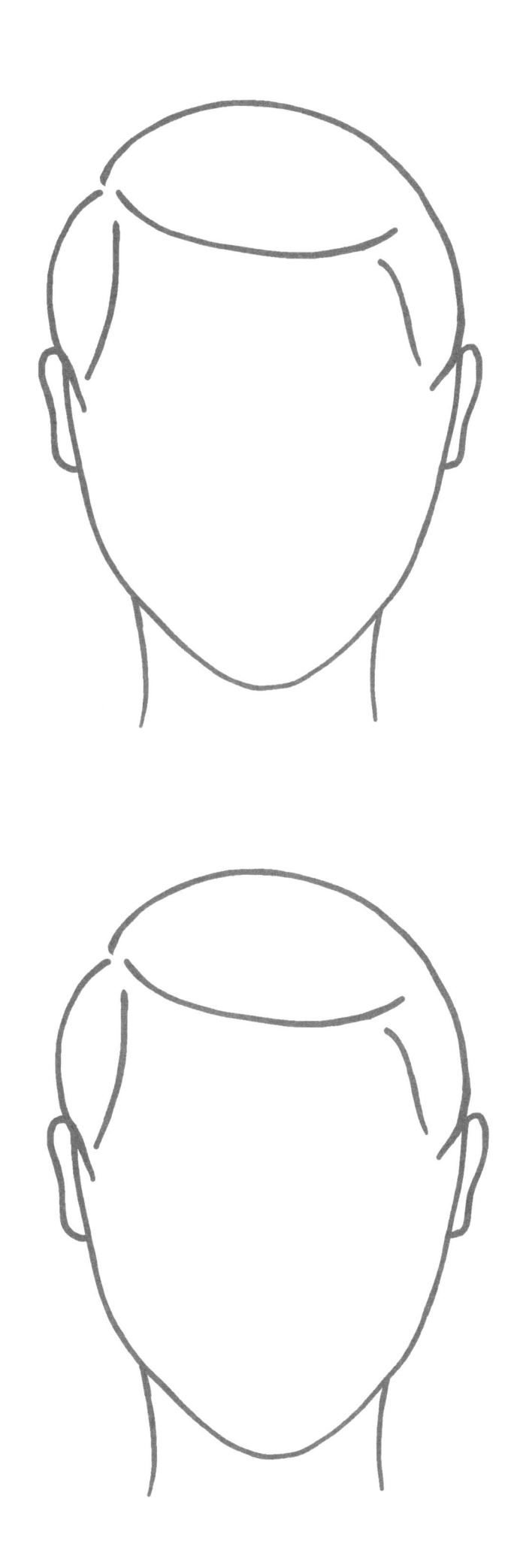

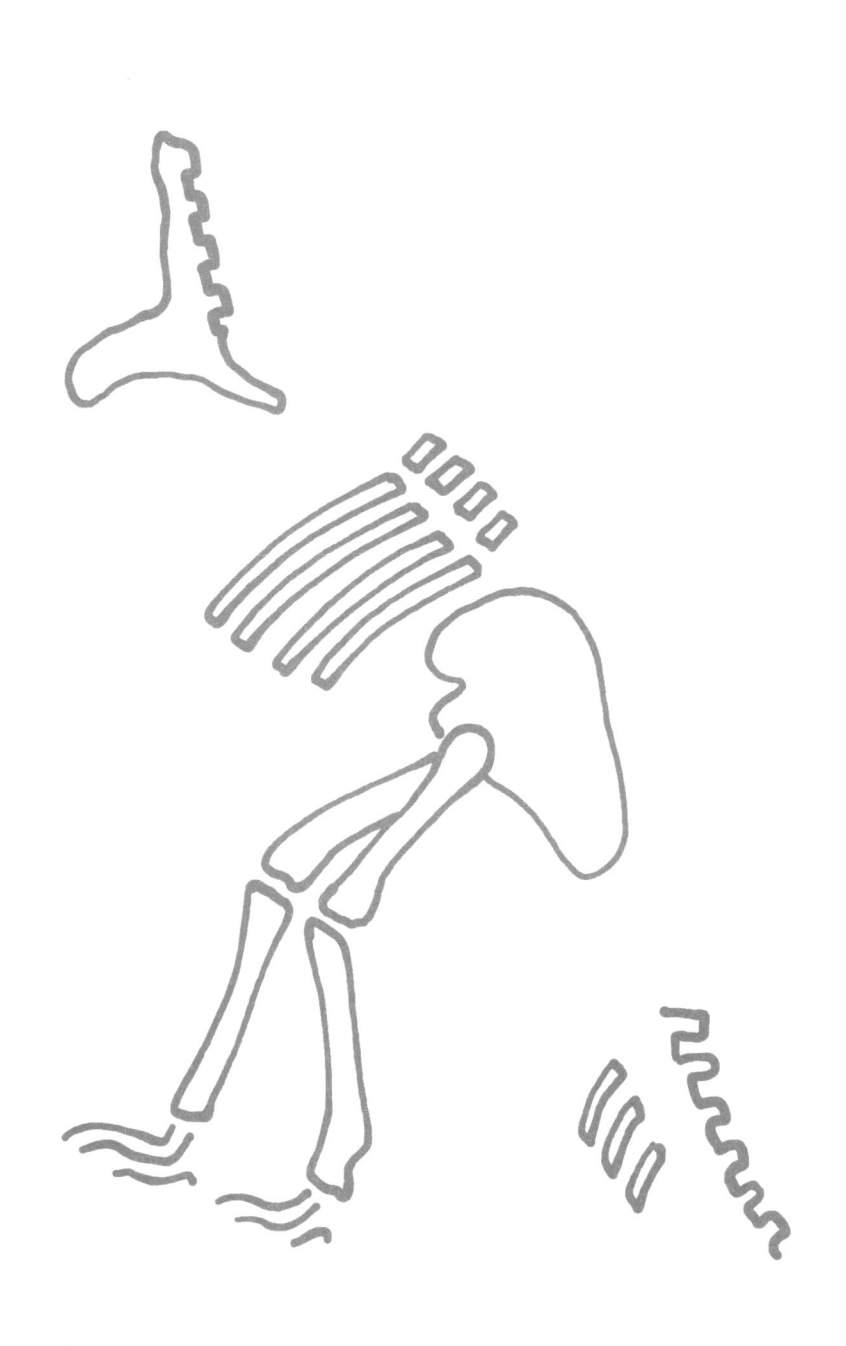

VOLLENDE DAS DINOSAURIERSKELETT. ES LIEGT SCHON SEIT URZEITEN UNTER DER ERDE. WAS FINDET MAN NOCH BEI AUSGRABUNGEN? STEINE? ALTE MÜNZEN? ÖLFÄSSER? MÜLL?

DER FROSCH SITZT AUF EINEM RIESIGEN BLATT UND FÄNGT SEIN MITTAGESSEN. WIE SIEHT ES AUS?

WAS STEHT BEI DER SCHLANGE AUF DEM SPEISEPLAN?

UIIIIIIHHH – WAS IST DAS? ES FEHLEN NOCH
SCHUPPEN, HAARE, STREIFEN UND FLECKEN.
HAST DU AUCH EINEN NAMEN FÜR DAS TIER?

UND WAS WIRD DAS?

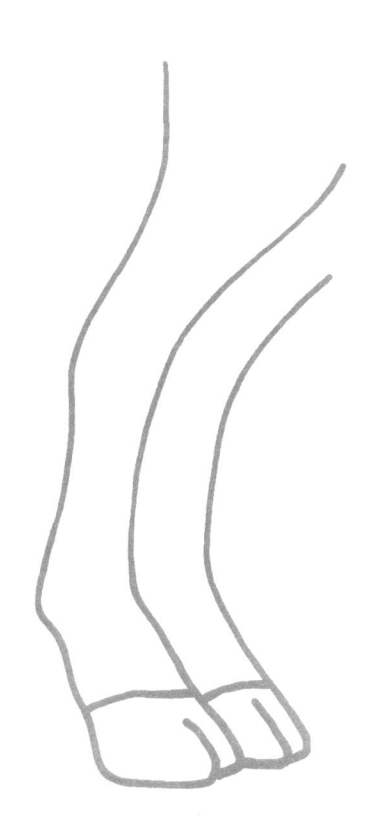

KLEBE DINGE AUS DEINEM UMFELD IN DIE KÄSTCHEN EIN.

STAUB AUS DER WOHNZIMMERECKE

EINEN ABGESCHNITTENEN ZEHENNAGEL

KRÜMEL VOM FRÜHSTÜCKSTISCH

ETWAS AUS DEM MÜLL

EIN BONBONPAPIER

EIN HAAR VOM BADEZIMMERBODEN

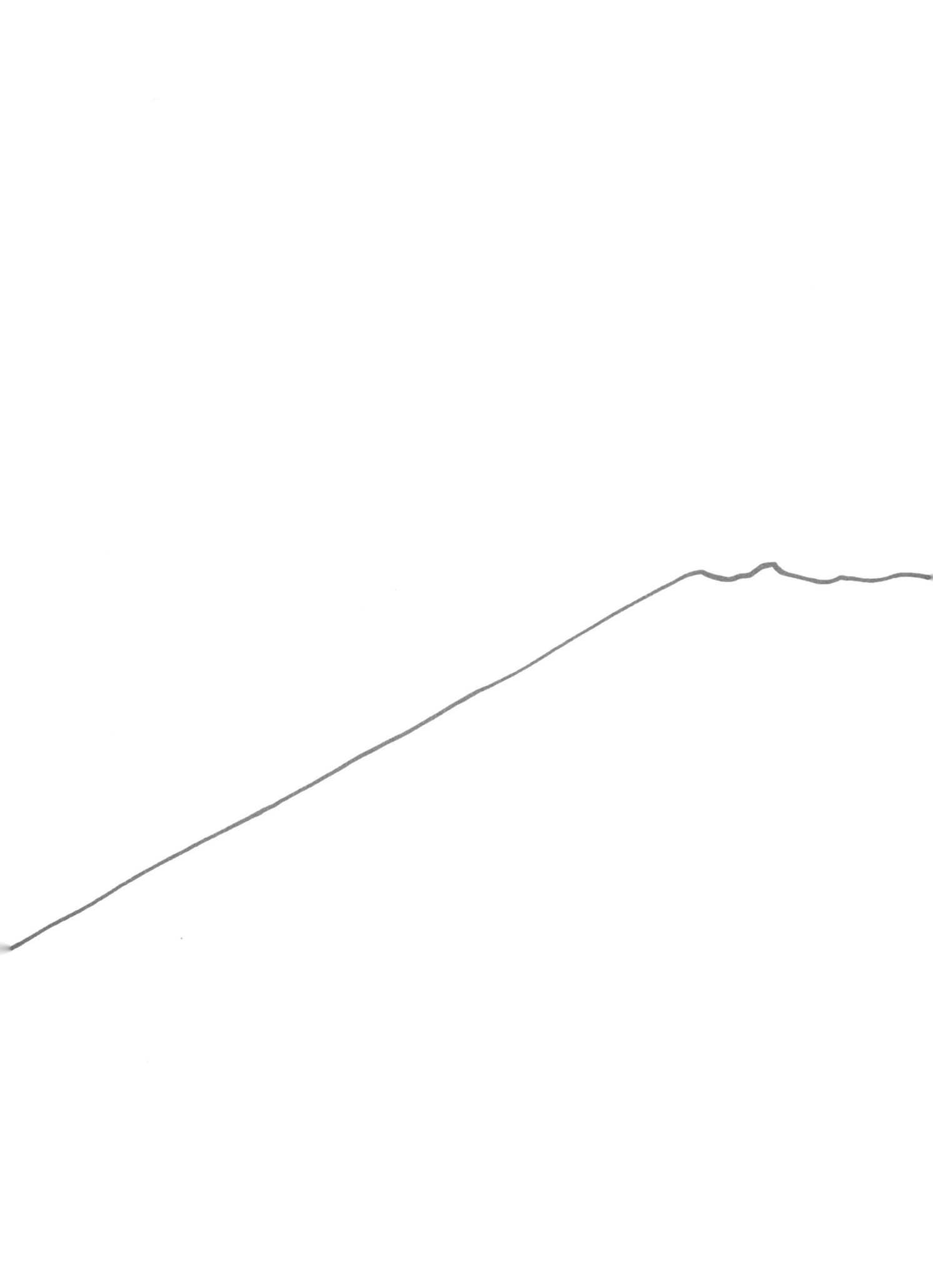

EIN VULKAN BRICHT AUS. HEIßE UND FLÜSSIGE LAVA RINNT HINAB INS TAL. DER HIMMEL HAT SICH VERDUNKELT UND IST VOLLER RAUCH UND ASCHE.

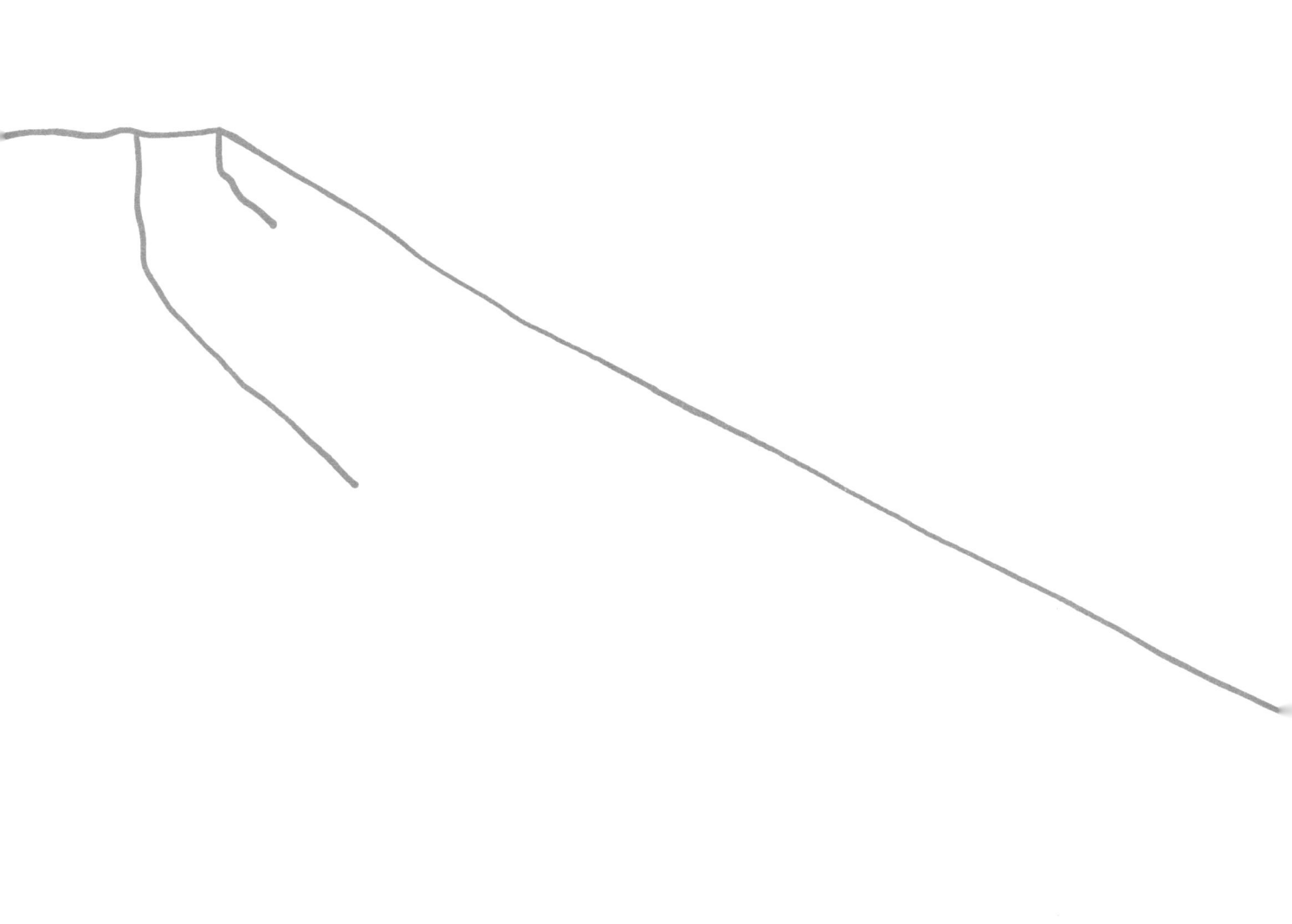

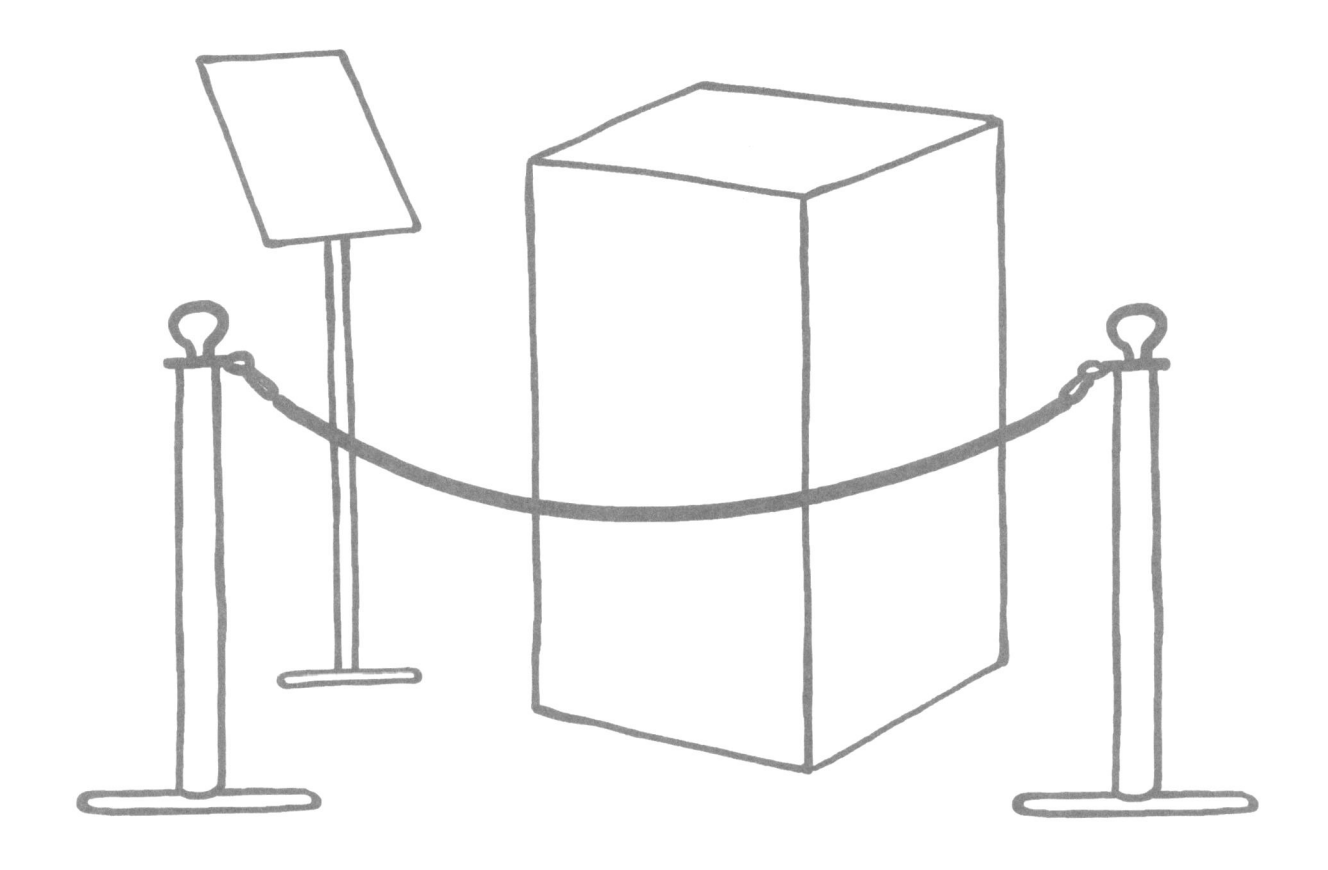

WER ODER WAS SOLLTE DEINER MEINUNG NACH AUF DIESEN SÄULEN STEHEN?

ZEICHNE DIE BEWOHNER DES AQUARIUMS.

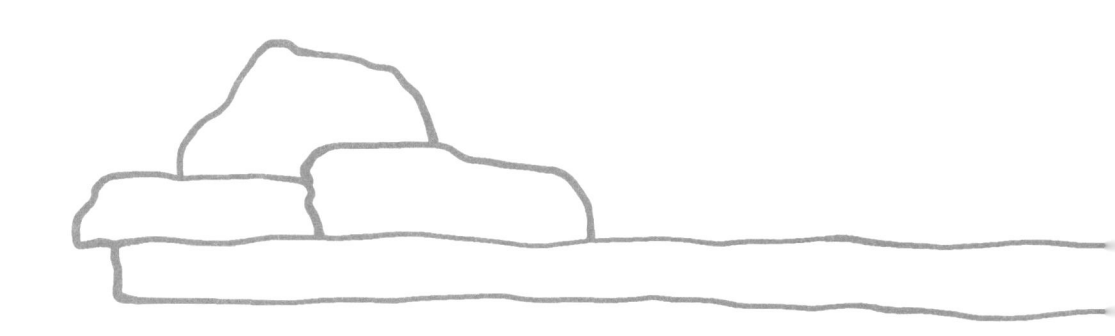

WIE SEHEN DIE FLORA UND FAUNA IN EINEM TERRARIUM AUS?

AUßERIRDISCHE HABEN DIR EINE POSTKARTE VON IHREM PLANETEN GESCHICKT. WELCHE BOTSCHAFT HABEN SIE DIR GESANDT?

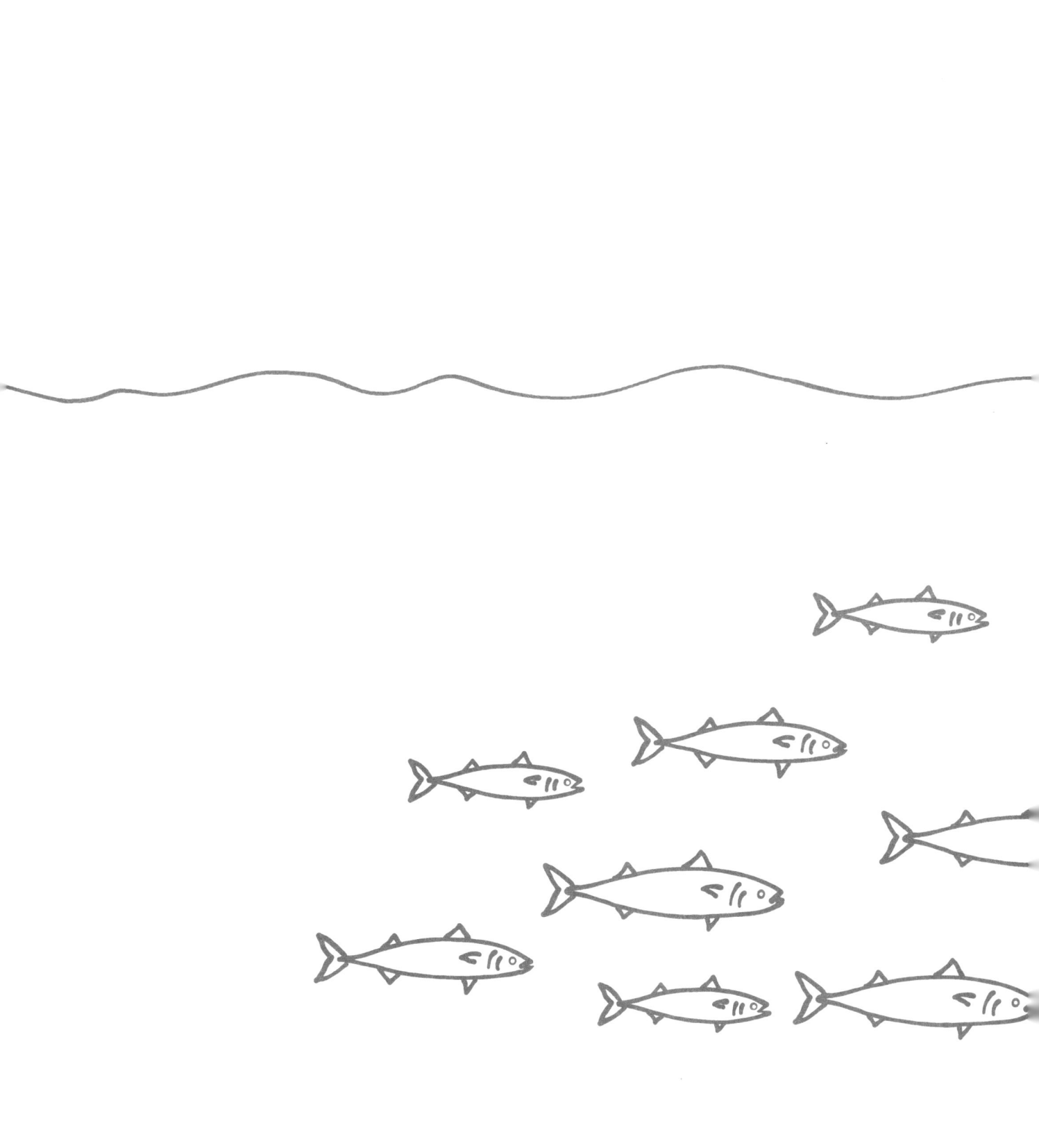

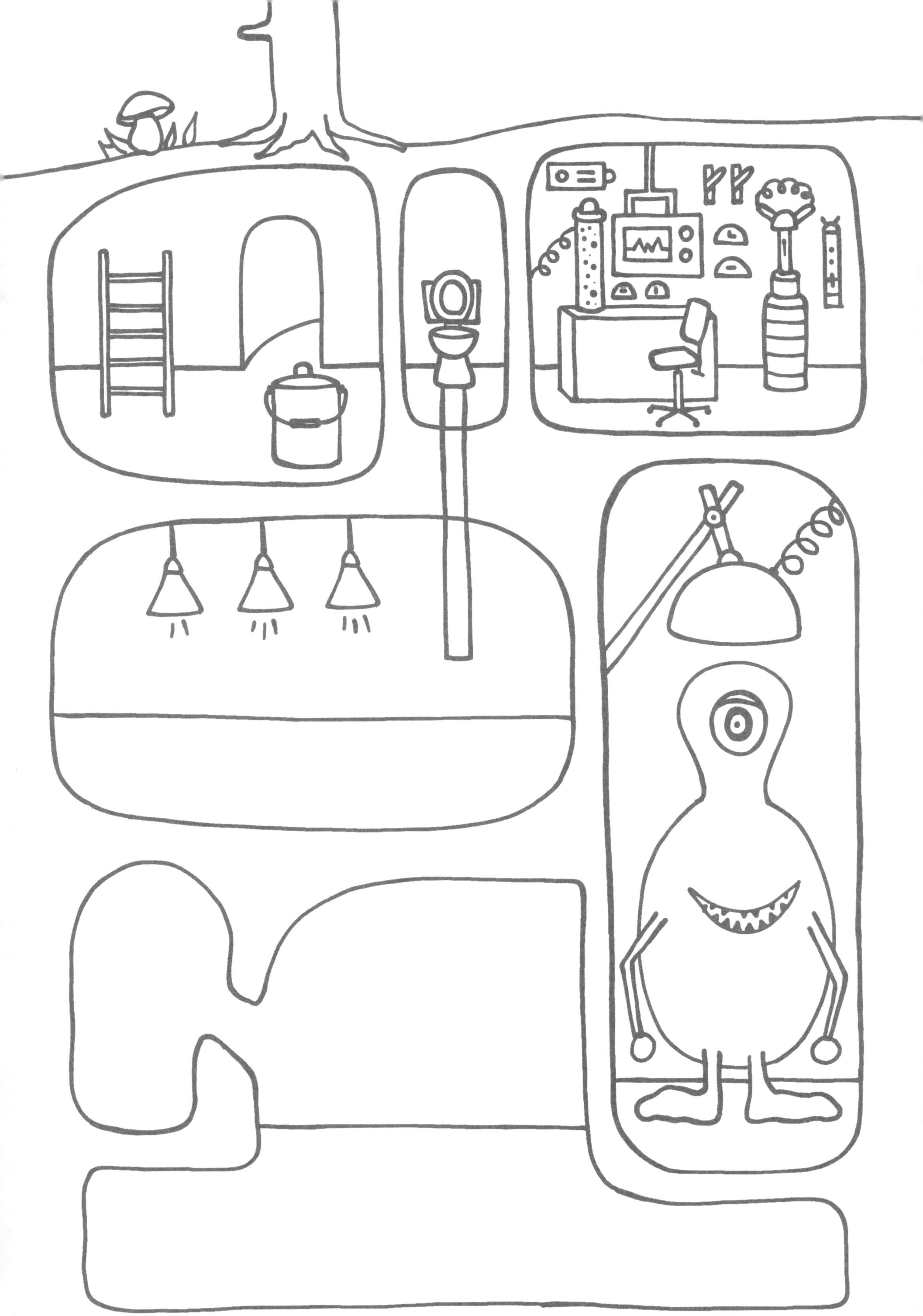

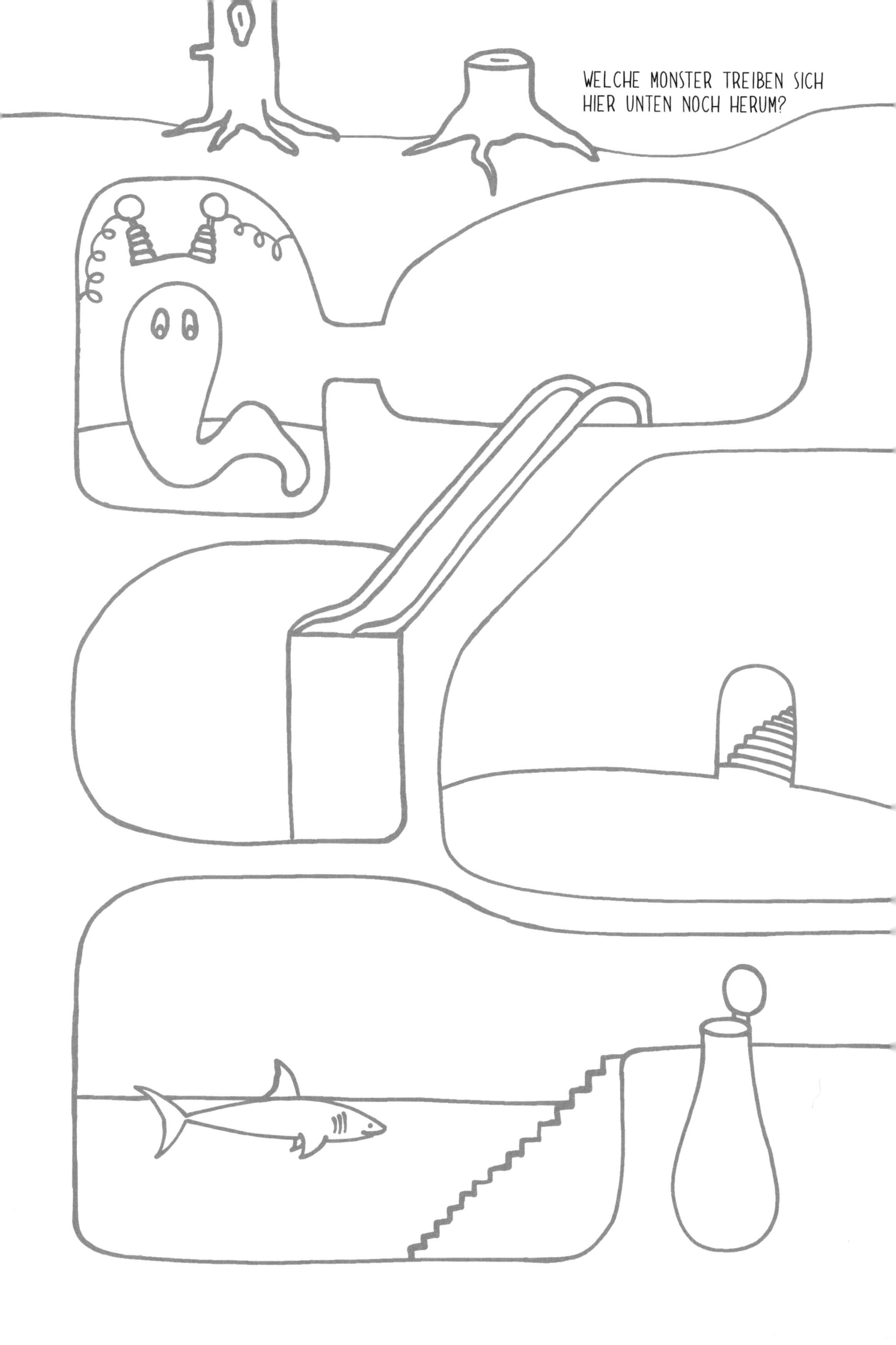

WELCHE MONSTER TREIBEN SICH HIER UNTEN NOCH HERUM?

BU

WAS PARKT IN DEN UNTERIRDISCHEN GARAGEN? EIN ZUG? EIN U-BOOT? EIN RENNWAGEN? ODER EINE RAKETE?

GAUNERZINKEN DIENTEN ZUR GEHEIMEN VERSTÄNDIGUNG. SIE WURDEN HAUPTSÄCHLICH AN HAUSTÜREN UND -WÄNDEN, KIRCHENMAUERN, BAHNHÖFEN ODER AUF TOILETTEN IN WIRTSHÄUSERN ANGEBRACHT.

BISSIGER HUND

FÜR ARBEIT BEKOMMT MAN WAS

HIER IST NICHTS ZU HOLEN

HIER WOHNT EIN POLIZIST

RUHIG AUFDRINGLICH WERDEN

HIER GIBT ES GELD

DEINE EIGENEN GEHEIMZEICHEN. ZEICHNE NOCH WEITERE EIN.

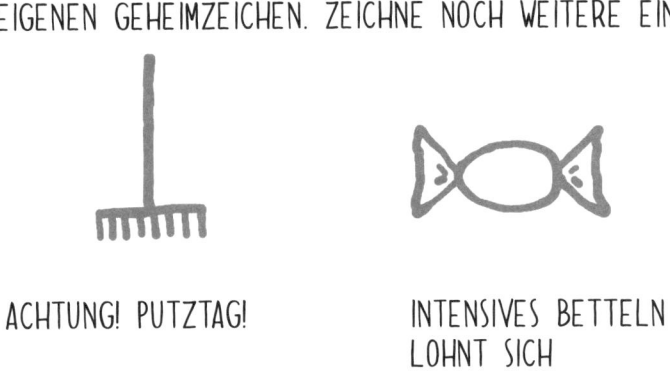

ACHTUNG! PUTZTAG!

INTENSIVES BETTELN LOHNT SICH

OHNE HAUSAUFGABEN KEIN SPIELEN

HIER GIBT ES EIN FETTES SPARSCHWEIN

VORSICHT! MAMA IST SCHLECHT GELAUNT

OHNE BADEN KEIN FERNSEHEN

MÜLL RAUSBRINGEN WIRD HIER ERWARTET

ZEICHNE AUF EIN BLATT PAPIER DEINE EIGENEN GAUNERZINKEN UND KLEBE ES AN DEINE ZIMMERTÜRE.

SPEISERÖHRE   MAGEN

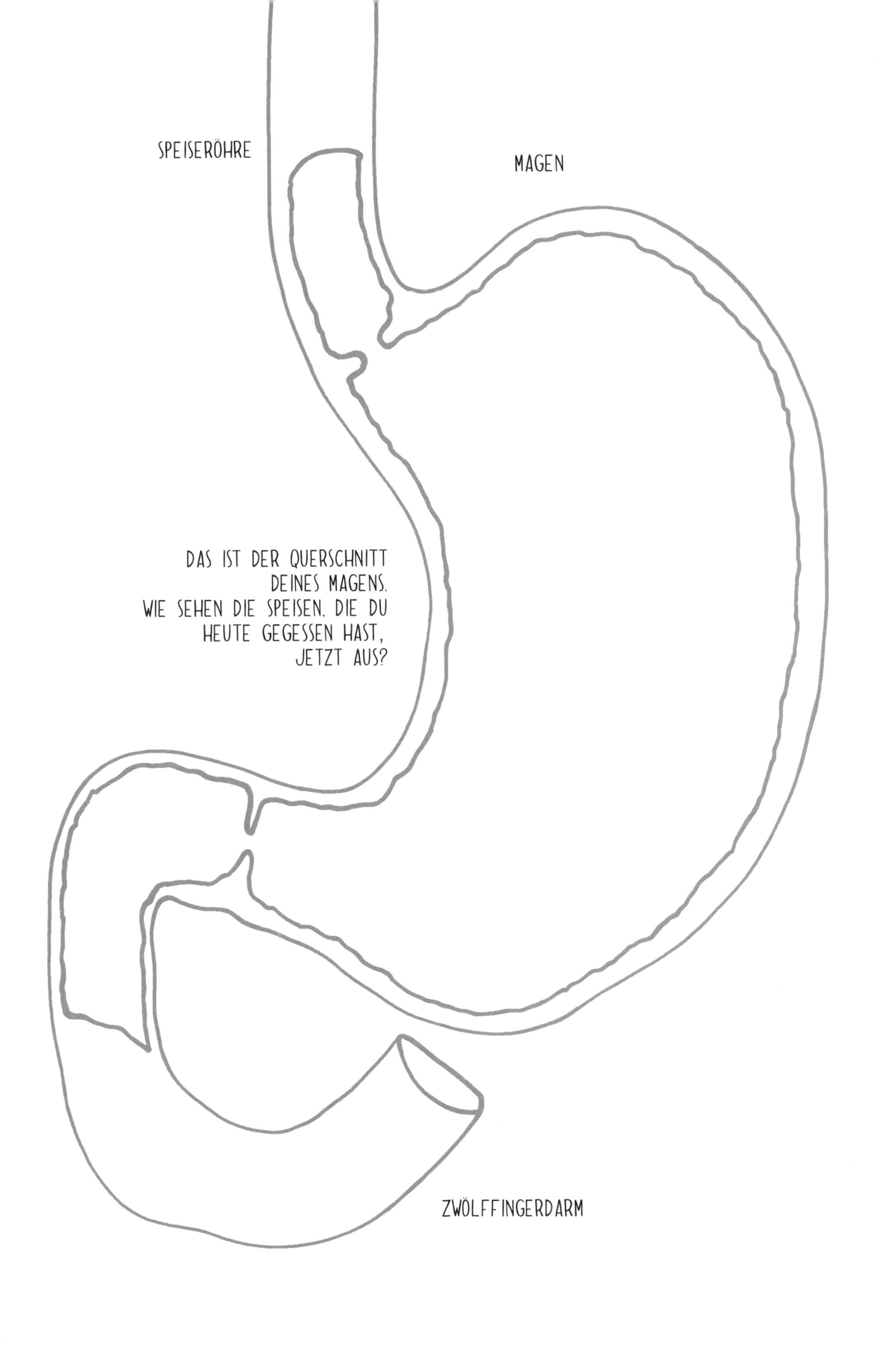

DAS IST DER QUERSCHNITT
DEINES MAGENS.
WIE SEHEN DIE SPEISEN, DIE DU
HEUTE GEGESSEN HAST,
JETZT AUS?

ZWÖLFFINGERDARM

HAST DU HEUTE SCHONE ETWAS DAVON GEGESSEN? WENN NICHT DANN ZEICHNE DEINE VERSPEISTEN LEBENSMITTEL EIN.

WIE SIEHT DAS PERFEKTE SKATEBOARD DECK AUS?

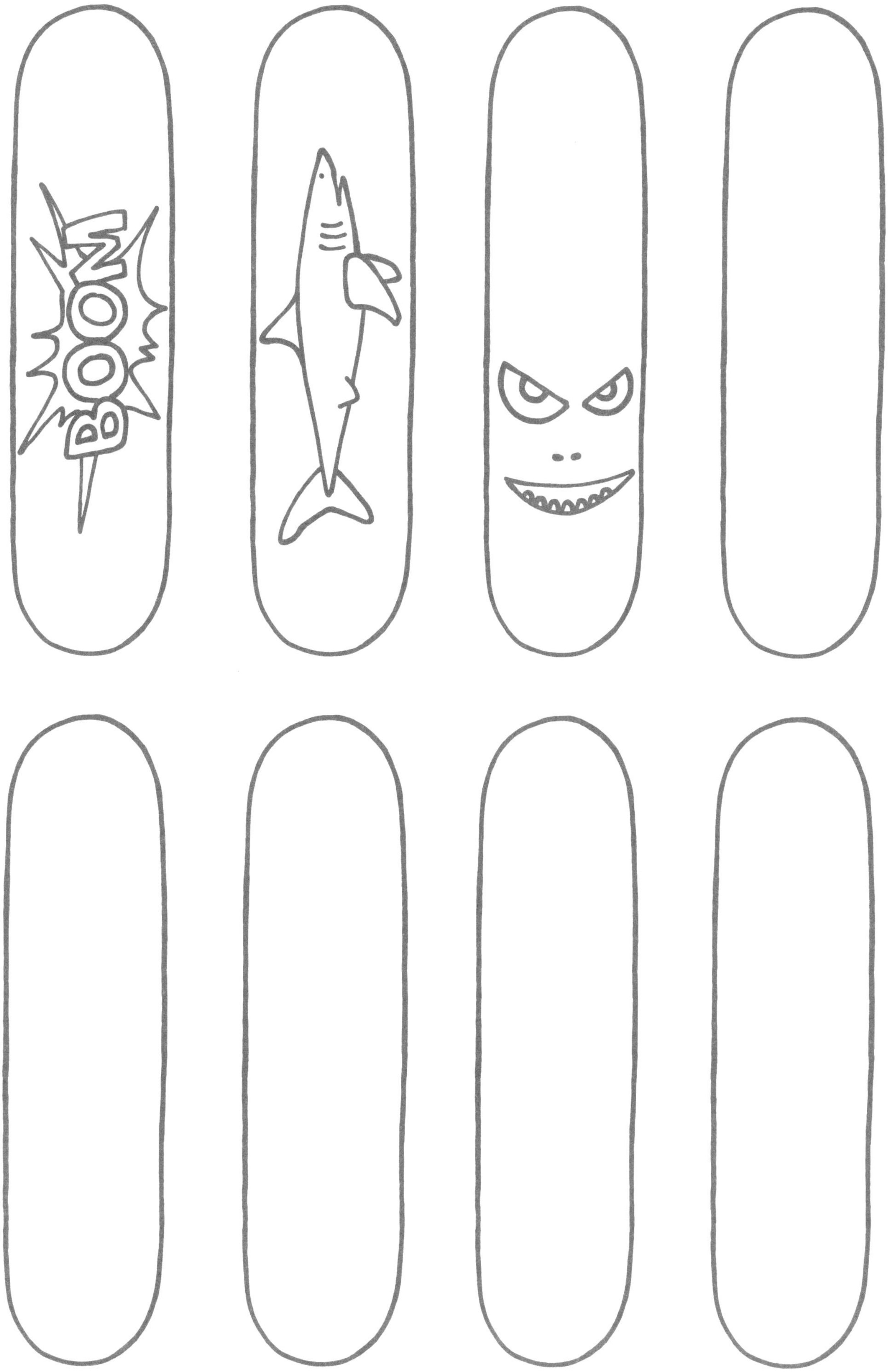
BOOM

DAS WINKERALPHABET WIRD ZUR OPTISCHEN NACHRICHTENÜBERMITTLUNG AUF SEE ODER AN LAND GENUTZT. VERSUCHE, AUF DER NÄCHSTEN SEITE DEINEN NAMEN ZU 'ZEICHNEN' ODER UNTERHALTE BEIM ABENDESSEN DEINE FAMILIE MIT 'WINKEN' EINZELNER WÖRTER.

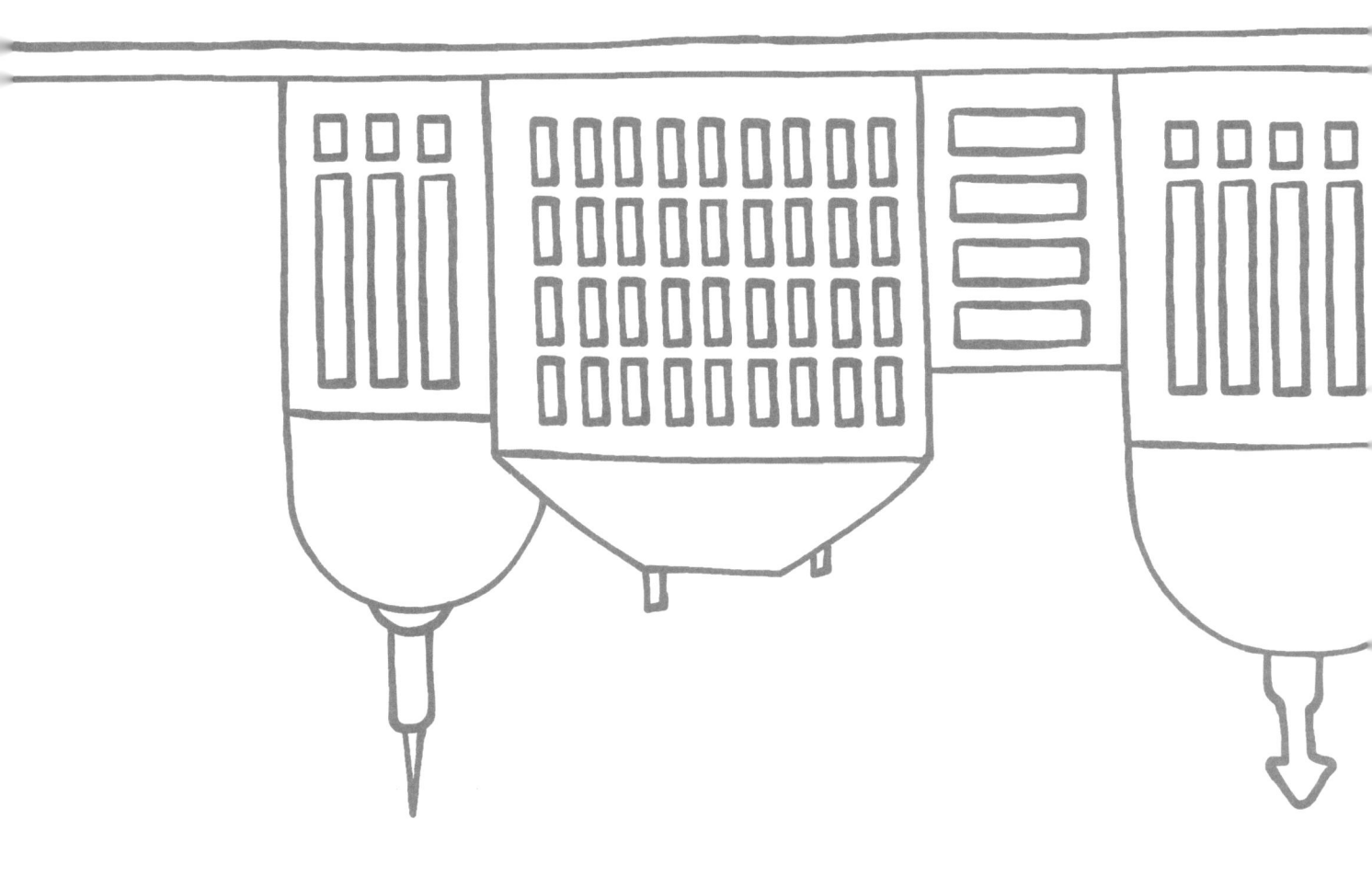

DIE HÄUSER SPIEGELN SICH IM WASSER. KANNST DU DIE GEBÄUDE ZEICHNEN?

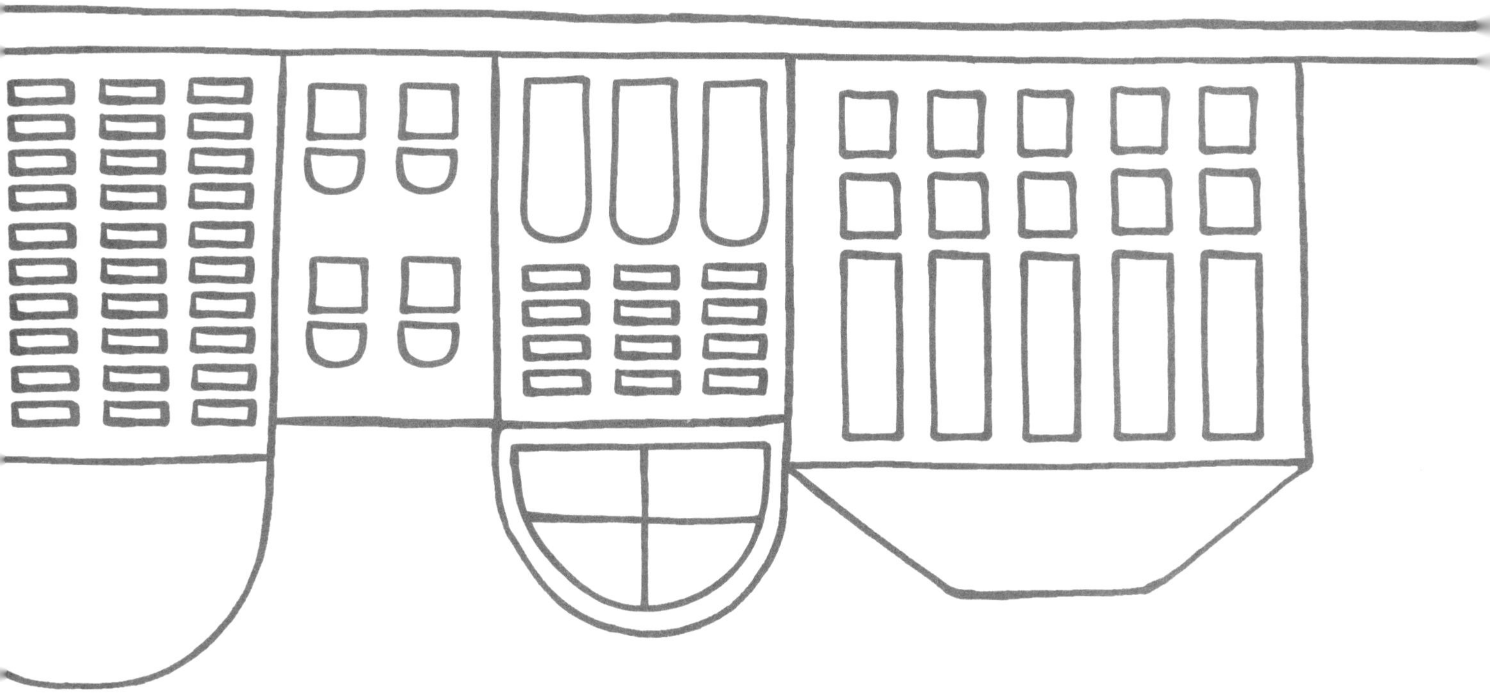

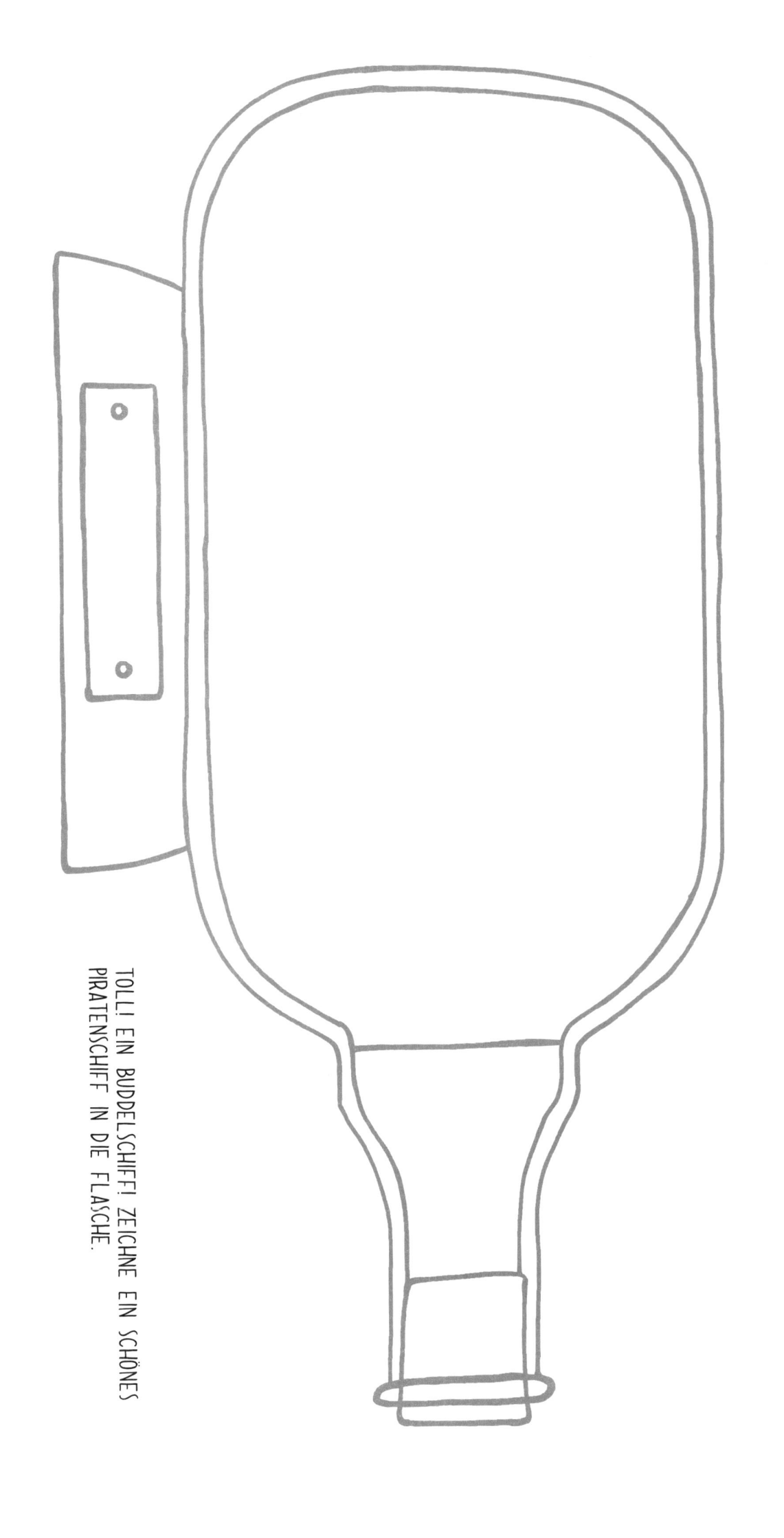

TOLL! EIN BUDDELSCHIFF! ZEICHNE EIN SCHÖNES PIRATENSCHIFF IN DIE FLASCHE.

SCHREIBE EINE BOTSCHAFT AUF DIE FLASCHENPOST ODER ZEICHNE DEINE EIGENE SCHATZKARTE.

IIIEH, WAS FÄLLT DA INS GRAS?

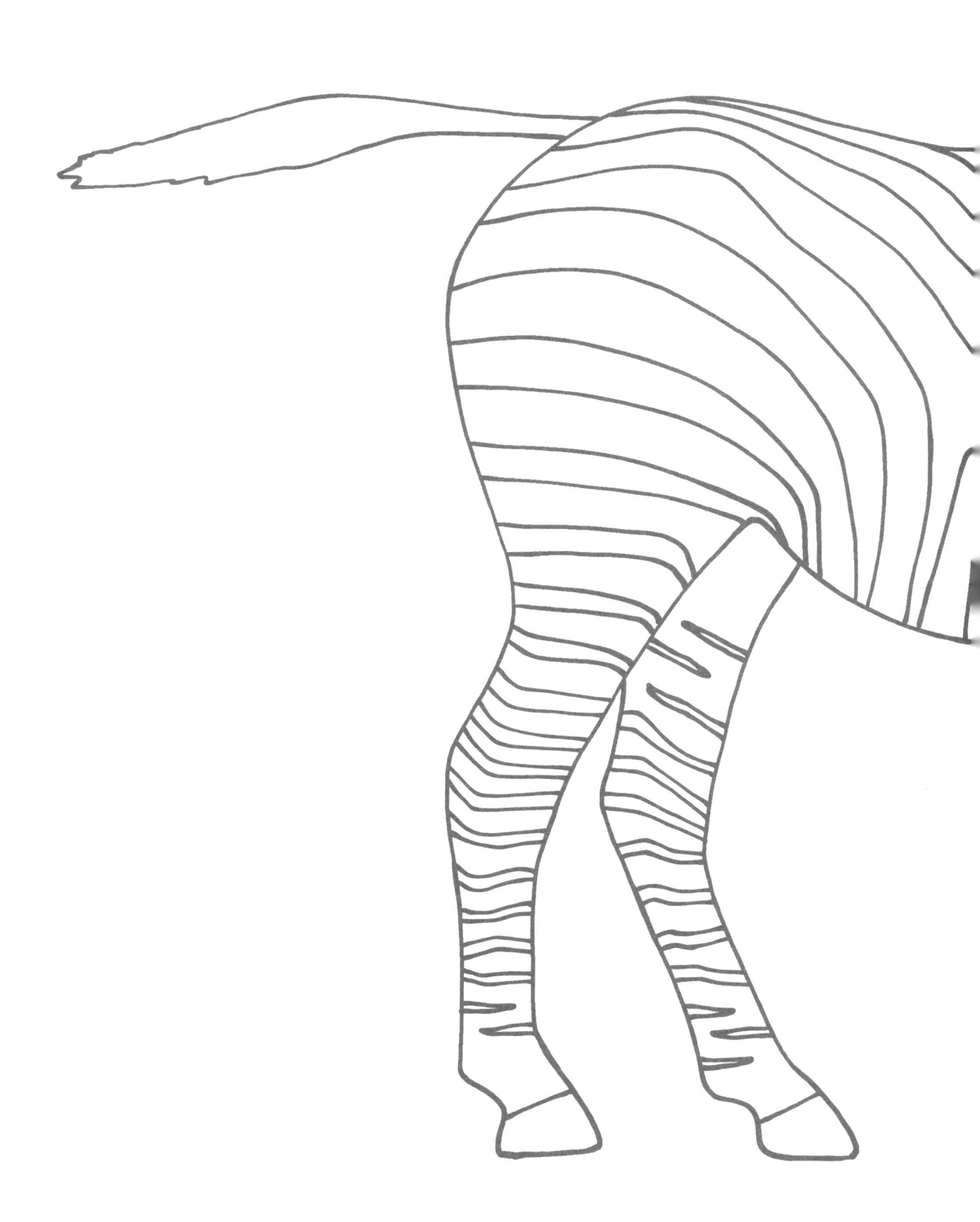

'BAUE' DAS HAUS FERTIG. DACHZIEGELN, WEITERE FENSTER, EINE REGENRINNE, EINE EINGANGSTÜRE ODER EINEN ZWEITEN SCHORNSTEIN...

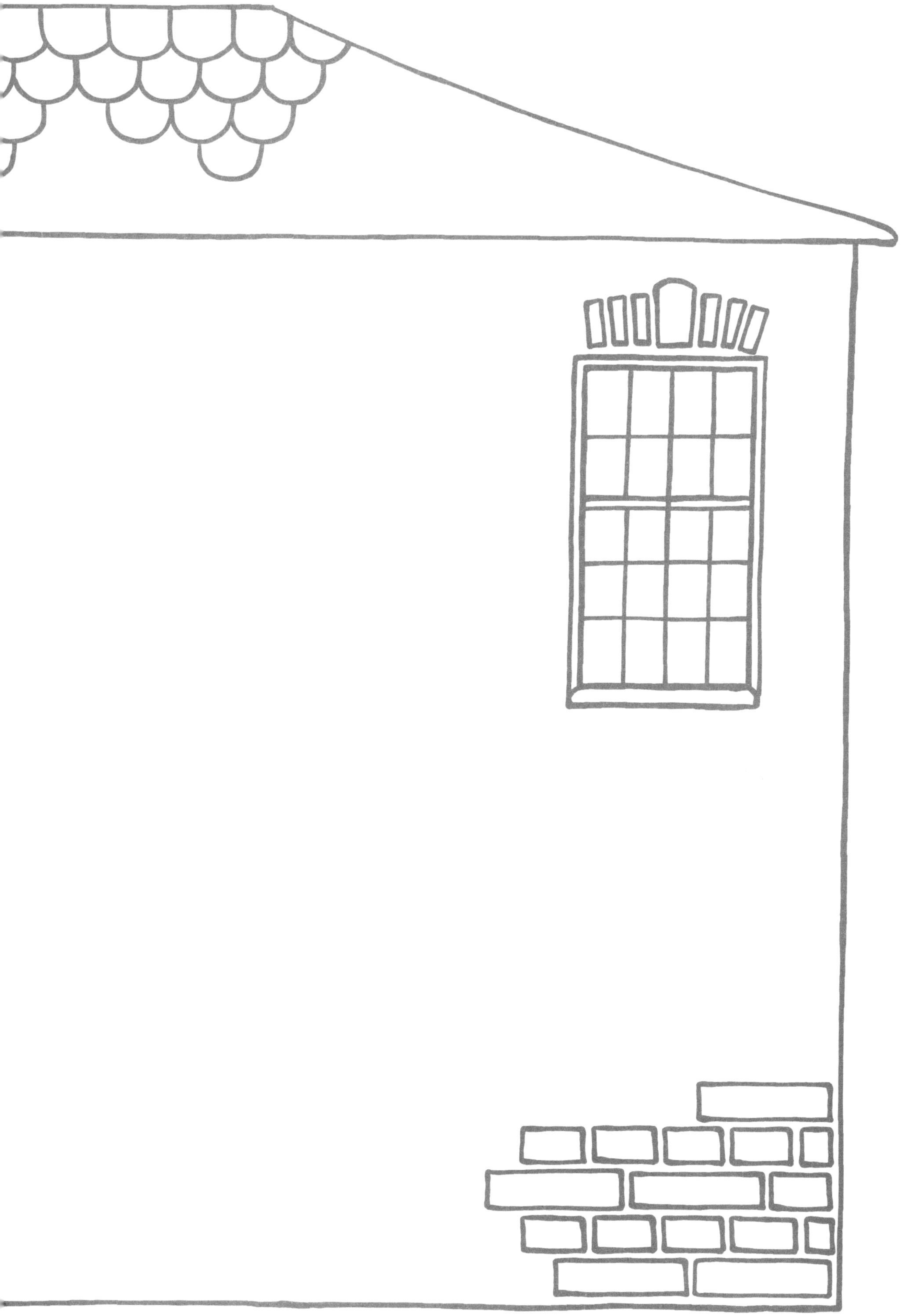

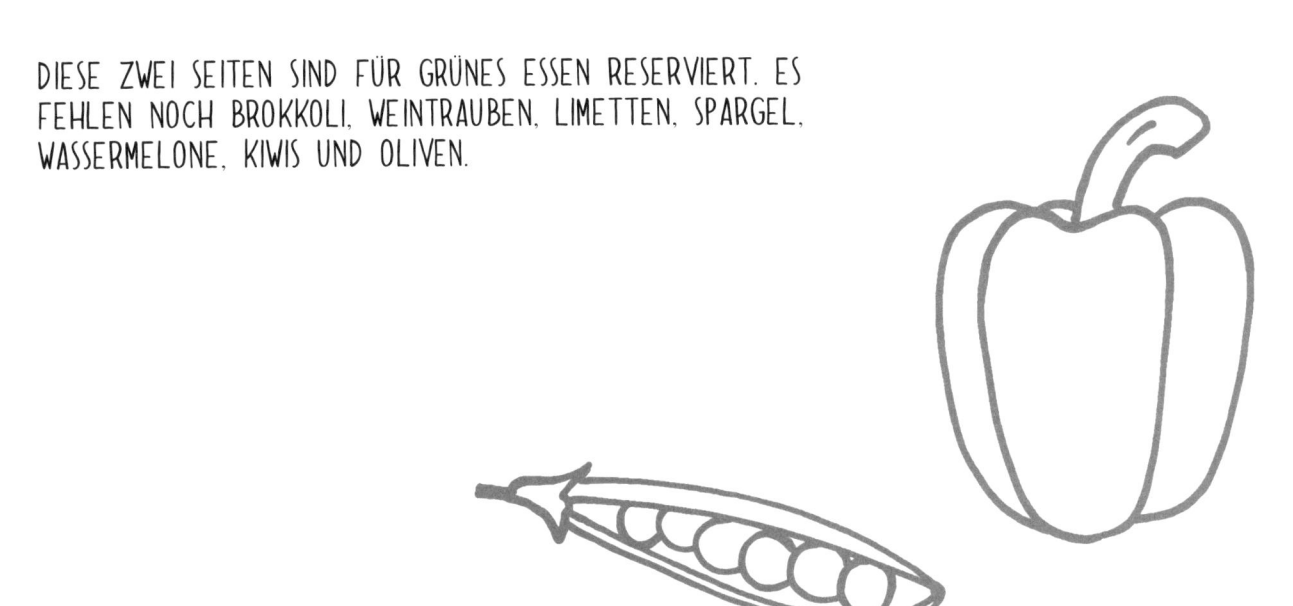

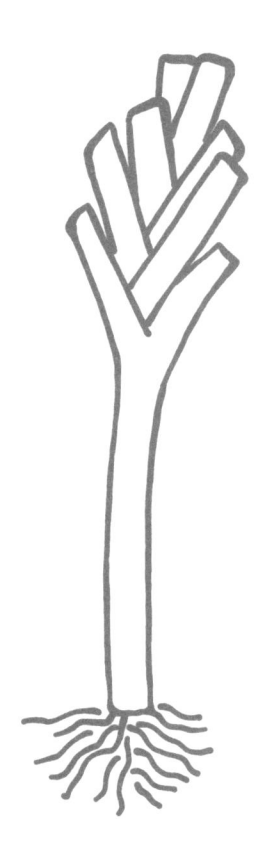

DIESE ZWEI SEITEN SIND FÜR GRÜNES ESSEN RESERVIERT. ES FEHLEN NOCH BROKKOLI, WEINTRAUBEN, LIMETTEN, SPARGEL, WASSERMELONE, KIWIS UND OLIVEN.

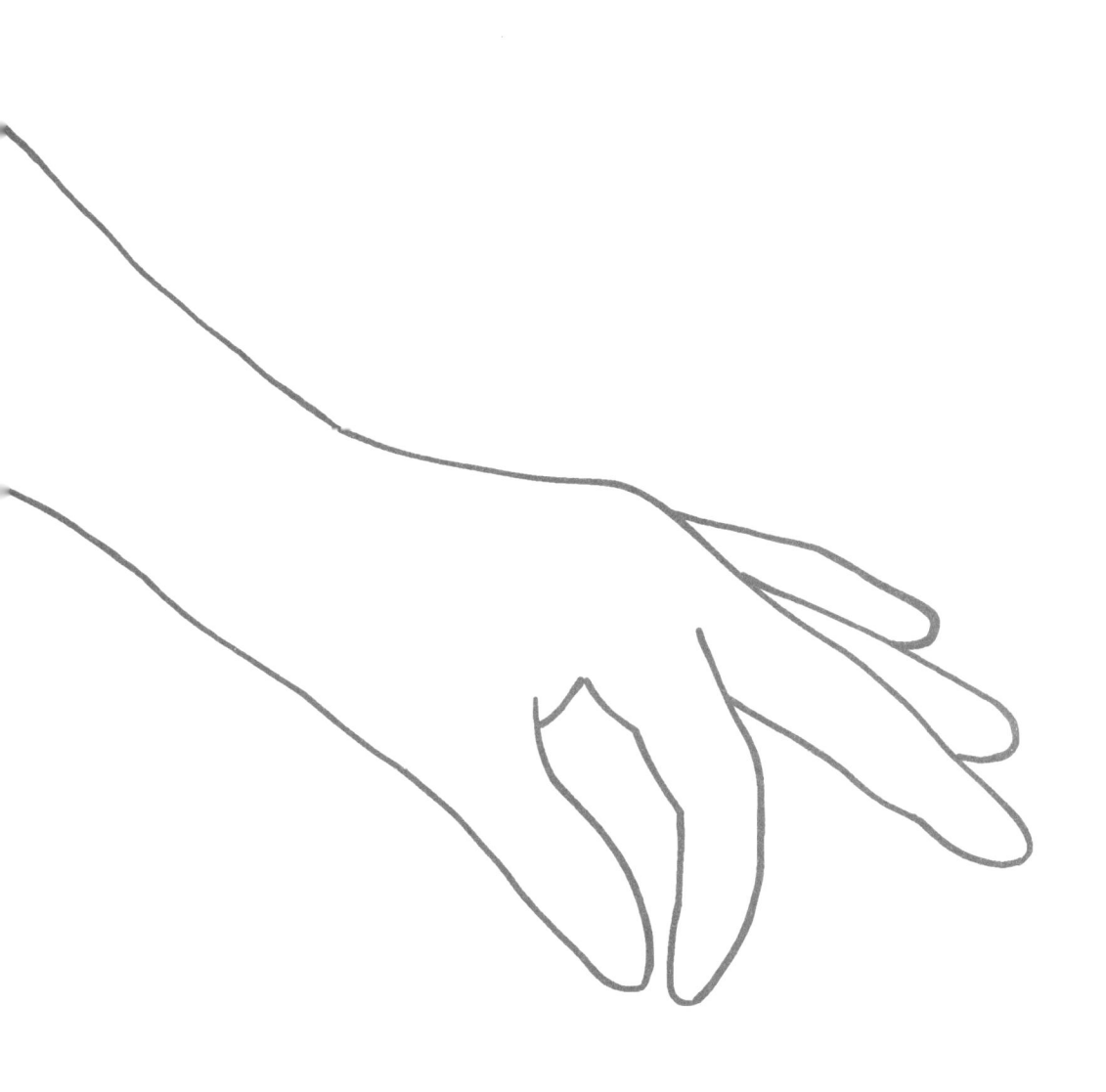

ZWEI RIESENKINDER GREIFEN GERADE NACH IHREM MITTAGESSEN.
WAS STEHT AUF IHREM SPEISEPLAN?

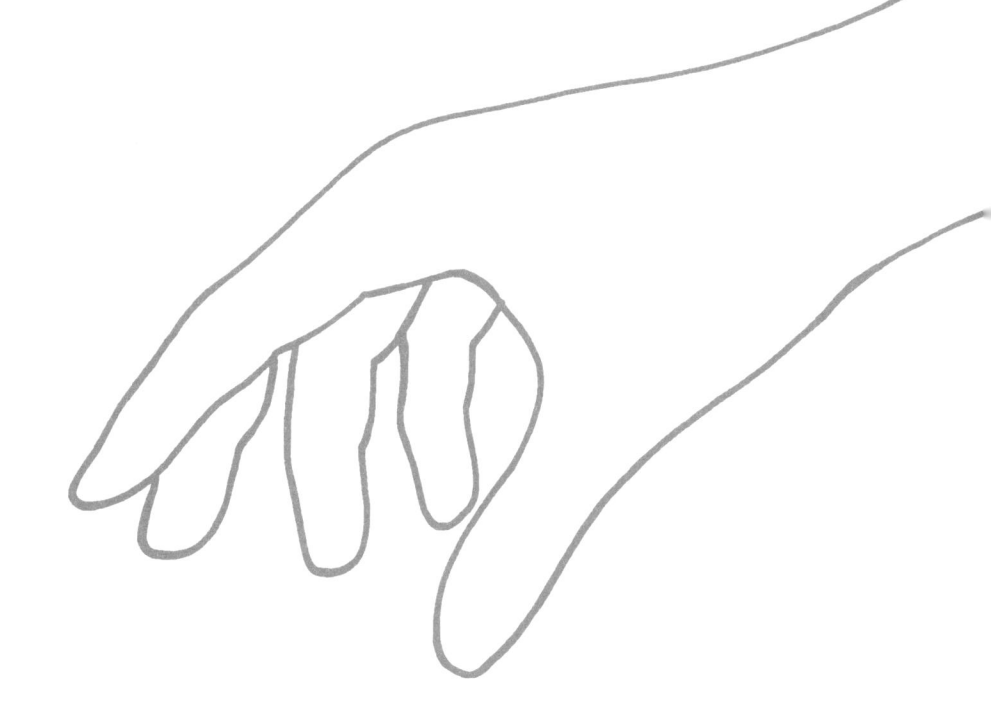

AUTOKENNZEICHEN ZUM WEITERZEICHNEN, SELBER ZEICHNEN UND VOLLENDEN.

IHHHHHH.... DER MANN SIEHT DEN HUNDEKOT NICHT, IN DEN ER GLEICH TRETEN WIRD.

IGITT! DER MANN IST MIT DEM ABSATZ IN EINEN KAUGUMMI GETRETEN. ER ZIEHT SICH WIE EIN KÄSEFADEN.

WELCHER GAUNER WIRD HIER VOM SHERIFF GESUCHT?

WANTED
DEAD OR ALIVE

1,000,000